八兵衛は　壺を　かった。

「おばば　おばば　この壺　みてくれ
1000000えんも　したんだぜ！」

「おっ！　壺じまんかい？　うけてたつよ！」

「この壺　ものすごく　めずらしい壺　らしくて
あと10ねんもすれば　10ばいの　ねだんに
なるんだと！」

「そうなったら　おばばの　すきな　いせえび
たらふく　くわしてやるよ！」

「あと　もってると　こううんに　めぐまれて
じぶんも　まわりも　しあわせに　なれるんだって！」

「おばばも　しあわせに　してやるぜ！」

「いいね！ で！ も！ 10ねんごに おばば いきてるか
わからんから いますぐ いせえび たらふく たべたい!!」

「なんなら その壺 かった おかねで いせえび
たべさせて くれたら おばば しあわせに なれたよ!」

「…いいぜ　つぎは　おばばの　ばんだ」

「あいよ！」

「みてー！ この壺 ちょう やばくない！？
みつけた しゅんかん ハートに ズッキュン！！
ときめき マックス！！ いろも かたちも ちょう さいこう！！
しかも！ おねだん なんと 100えん！！」

「はあああああぁ！？
おれの　1000000えんの　壺と
おばばの　100えんの　壺じゃ
てんで　しょうぶに　ならねえ　だろう！！」

「バカタコがー!!」

「うぎゃー！　すみ　はくなよ　おばば！」

「八兵衛　ちょいと
じぶんの　壺を　ながめて　みてごらんよ」
「なにか　かんじる　ものは　あるかい？」

「ぜんぜん」

「それじゃ　こんどは　はいってみな」

「どうだい？」

「これといって　どうもしねえな」

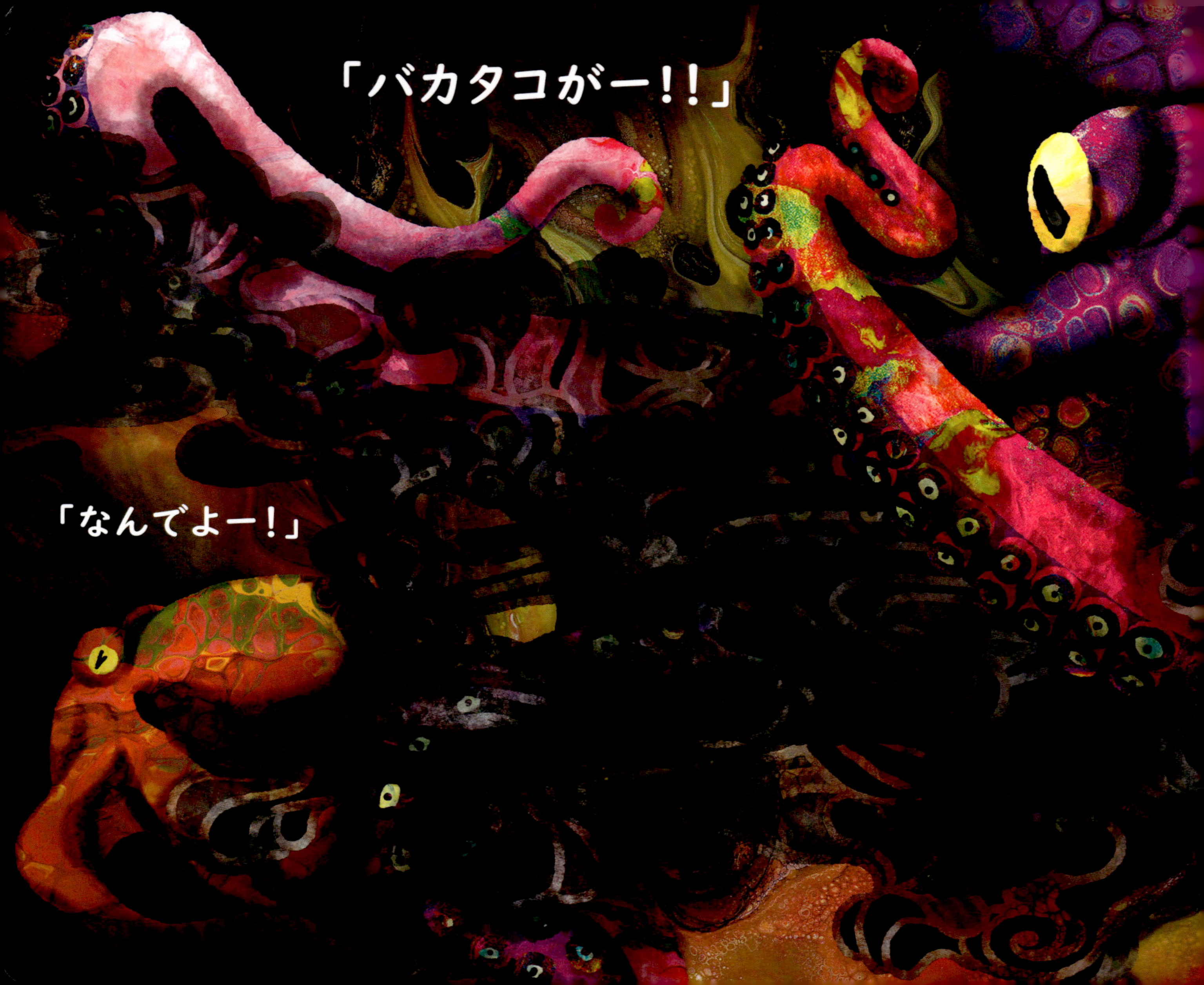

「バカタコがー!!」

「なんでよー!」

「10ねんごが　どうだか　こううんが　どうだか
しらないけどねえ　1000000えんも　はらうなら…」

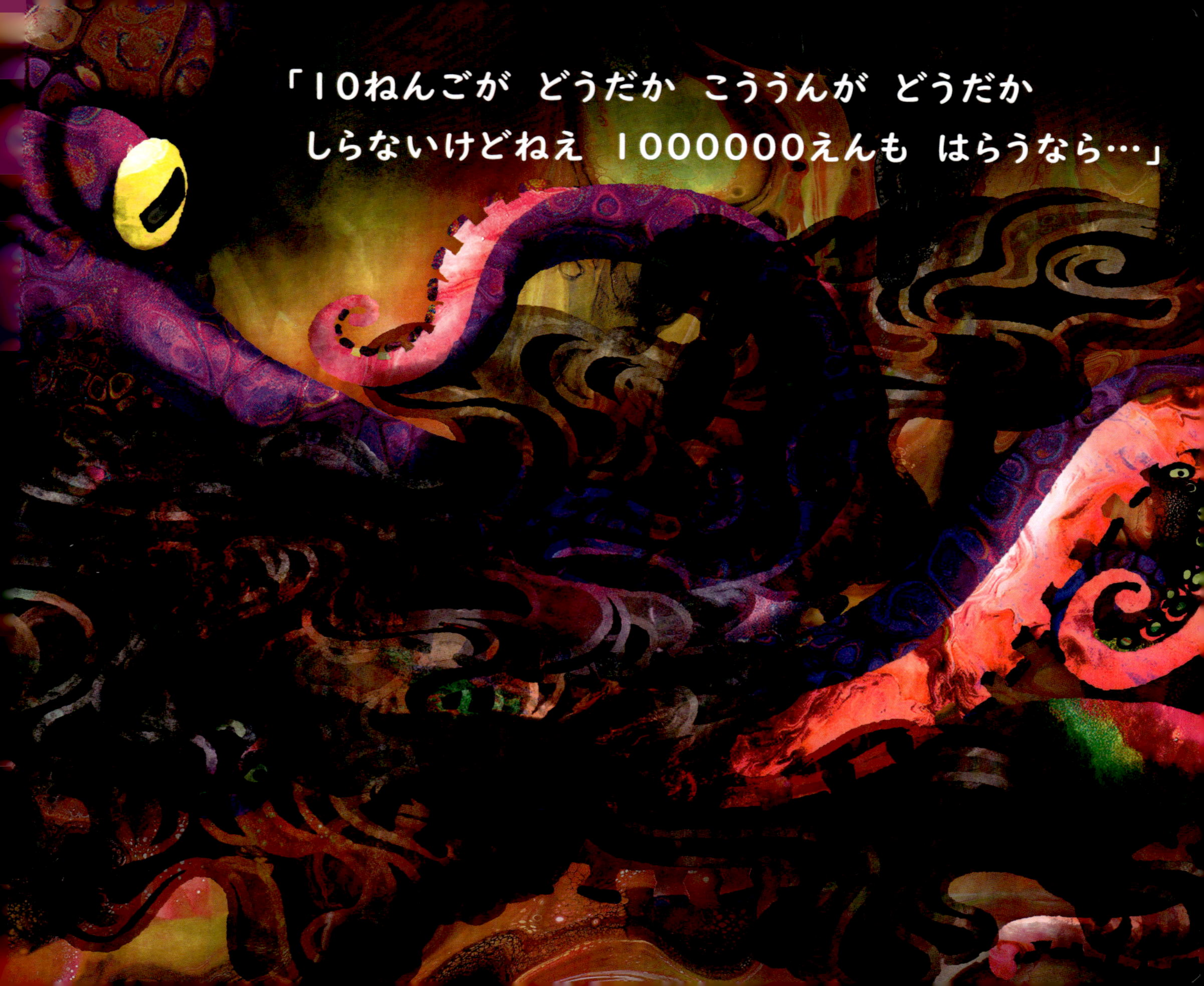

「ときめき　マックスな　壺を　かわないで　どうするんだい！」

「そんなー！」

10ねんご　八兵衛は　壺を　うった。500えんで　うれた。
それで　えびせんべいを　かって　おばばと　いっしょに　たべた。